# Gott lädt uns alle ein

Frank Reintgen
Christine Willers-Vellguth
Klaus Vellguth

Mit Bildern von Sieger Köder

## Der Erstkommunionkurs.

Begleitbuch für die Kinder



HERDER

FREIBURG · BASEL · WIEN

Völlig überarbeitete Neuausgabe 2014





Trotz intensiven Bemühens konnten für einige Texte die Quellenangaben nicht ausfindig gemacht werden. Manchmal liegt auch der Ursprung einer Idee im Dunkeln. Für Hinweise sind Autoren und Verlag dankbar.

Titelmotiv: Sieger Köder
© für den Erstkommunionkurs „Gott lädt uns alle ein":
Verlag Herder Freiburg im Breisgau

Die Bilder „Der Sämann", „Der barmherzige Vater",
„Vom Aufgehen der Saat", „Das Brotwunder",
„In unserer Mitte", „An seinem Tisch" und „Emmaus"
wurden von Sieger Köder gemalt.
© für den Erstkommunionkurs „Gott lädt uns alle ein":
Verlag Herder Freiburg im Breisgau

Illustrationen:
Michael Ryba, Lenzkirch-Grünwald, www.ryba-art.de;
S. 8, 17, 25, 35, 45, 55, 63: Irene Sarre, Ehrenkirchen,
irene.sarre@t-online.de

Fotonachweis:
S. 11: Rebel, S. 30: James Steidl, S. 40: Daniel Gilbey, S. 49:
chrisharvey, S. 67 daga_k_USA, © Fotolia
S. 12: St. Michael in Freiburg-Haslach (Helmut Lutz), S. 19,
© Berres-Stenzel

Gesamtgestaltung:
Berres-Stenzel, Freiburg im Breisgau
www.berres-stenzel.de

Herstellung:
Neografia a.s., SK-Martin

Gedruckt auf umweltfreundlichem, chlorfrei gebleichtem Papier
Printed in Slovakia

ISBN 978-3-451-31170-3

# Inhalt

# Die Aussaat des Weizens

und andere Erzählungen über das

## Größer-Werden

Sieger Köder, Der Sämann

**Und was entdeckst Du auf diesem Bild?**

# Ich bin ein Samenkorn

Male das Samenkorn in deiner Lieblingsfarbe aus. Male (oder schreibe) anschließend all die Menschen und Dinge in die Erde hinein, die du brauchst, um zu wachsen.

# Das Gleichnis vom Wachsen der Saat

Jesus sagte: Mit dem Reich Gottes ist es so, wie wenn ein Mann Samen auf seinen Acker sät; dann schläft er und steht wieder auf, es wird Nacht und wird Tag, der Samen keimt und wächst und der Mann weiß nicht, wie. Die Erde bringt von selbst ihre Frucht, zuerst den Halm, dann die Ähre, dann das volle Korn in der Ähre. Sobald aber die Frucht reif ist, legt er die Sichel an; denn die Zeit der Ernte ist da.

*Markusevangelium 4,26–29*

## Alles muss klein beginnen

2. Schau die feine Quelle
zwischen Moos und Stein,
sammelt sich im Tale,
um ein Bach zu sein.
Wird zum Fluss anschwellen,
fließt zur Ostsee hin,
braust dort ganz gewaltig,
singt das Fischlein drin:
Refrain

3. Schau, die leichte Flocke,
wir sie tanzt und fliegt,
bis zu einem Ästchen,
das unterm Schnee sich biegt.
Landet da die Flocke,
und durch ihr Gewicht
bricht der Ast herunter,
und der Rabe spricht.
Refrain

4. Manchmal denk ich traurig:
Ich bin viel zu klein!
Kann ja doch nichts machen!
Und dann fällt mir ein:
Erst einmal beginnen.
Hab ich das geschafft,
nur nicht mutlos werden,
dann wächst auch die Kraft.
*(Zweite Hälfte der Strophenmelodie wiederholen:)*
Und dann seh ich staunend:
Ich bin nicht allein.
Viele kleine Schwache
stimmen mit mir ein.

# Mein Taufmandala

Male dein Taufmandala aus und frage anschließend deine Eltern, was sie dir über deine Taufe erzählen können. Dann kannst du dies hier unten eintragen.

Ich wurde am .................................... in ....................................................

von ............................................................................ auf den Namen

............................................................................ getauft.

Meine Taufpaten sind: ....................................................................................

....................................................................................................................

## Meine Gruppe

Ich bin nicht allein. Mit anderen Kindern bereite ich mich auf die Feier der Ersten Heiligen Kommunion vor. Zu meiner Erstkommunion-Gruppe gehören:

## Die Saat geht auf

Du kannst selbst zusehen, wie ein Samenkorn sich in der Erde öffnet, aufgeht und langsam zu einer kleinen Pflanze wächst. Nimm dazu ein kleines Schälchen, fülle etwas lockere Erde hinein, und streue einige Weizenkörner auf die Erde. Nun musst du die Weizenkörner gießen.
Wenn du dein Schälchen an einen hellen Ort stellst und die Erde regelmäßig feucht hältst, kannst du in den kommenden Wochen das Keimen und Wachsen des Weizens beobachten.

# Kommt mit uns in die Kirche hinein

# Die Messe beginnt

*Wir kommen zu dir.*

*Wir beginnen den Gottesdienst in deinem Namen.*

***Im Namen des Vaters, des Sohnes und des Heiligen Geistes.***

*Der Priester begrüßt die Gemeinde:*

**Der Herr sei mit euch.**

***Und mit deinem Geiste.***

# Suchet zuerst

2. Ihr seid das Volk, das der Herr sich ausersehn,
seid eines Sinnes und Geistes.
Ihr seid getauft durch den Geist zu einem Leib.
Halleluja, halleluja.

3. Ihr seid das Licht in der Dunkelheit der Welt,
ihr seid das Salz für die Erde.
Denen, die suchen, macht hell den schweren Weg.
Halleluja, halleluja.

4. Liebet einander, wie euch der Herr geliebt,
er liebte euch bis zum Tode.
Er hat den Tod ein für alle Mal besiegt.
Halleluja, halleluja.

5. So wie die Körner, auf Feldern weit verstreut,
zu einem Brote geworden,
so führt der Herr die zusammen, die er liebt.
Halleluja, halleluja.

6. So wie der Morgen nach einer langen Nacht,
so wie ein Quell in der Wüste,
so ist das Wort, das uns dieser Tag gebracht.
Halleluja, halleluja.

*Suchet Zuerst*
*Originaltitel: Seek Ye First*
*T/M: Karen Lafferty, dt. Text: unbekannt; Strophe 6: Winfried Pilz*


## Wir bitten und danken

**Guter Gott,**
vieles im Leben gelingt uns,
dann bringt unser Leben gute Frucht hervor,
und darüber sind wir froh.
Manchmal bemühen wir uns aber nicht
oder machen absichtlich etwas falsch,
weil wir nur an uns selber denken.
Wenn wir uns in unserer Erstkommuniongruppe treffen,
wollen wir gute Frucht bringen.
Wir danken dir,
dass du bei uns bist.

Amen.

# Der barmherzige Vater

und andere Erzählungen zur

## Versöhnung

Sieger Köder, Der barmherzige Vater

**Auch der zweite Sohn des Vaters ist zu sehen. Er versteckt sich hinter einer Ecke. Er ballt seine Fäuste. Was meinst Du, warum?**

# Das Gleichnis vom barmherzigen Vater

Jesus erzählte einmal folgendes Gleichnis:
Ein Mann hatte zwei Söhne. Der jüngere von ihnen sagte zu seinem Vater: Vater, gib mir das Erbteil, das mir zusteht. Da teilte der Vater das Vermögen auf.
Nach wenigen Tagen packte der jüngere Sohn alles zusammen und zog in ein fernes Land. Dort führte er ein zügelloses Leben und verschleuderte sein Vermögen. Als er alles durchgebracht hatte, kam eine große Hungersnot über das Land und es ging ihm sehr schlecht.
Da ging er zu einem Bürger des Landes und drängte sich ihm auf; der schickte ihn aufs Feld zum Schweinehüten. Er hätte gern seinen Hunger mit den Futterschoten gestillt, die die Schweine fraßen; aber niemand gab ihm davon.
Da ging er in sich und sagte: Wie viele Tagelöhner meines Vaters haben mehr als genug zu essen und ich komme hier vor Hunger um. Ich will aufbrechen und zu meinem Vater gehen und zu ihm sagen: Vater, ich habe mich gegen den Himmel und gegen dich versündigt. Ich bin nicht mehr wert, dein Sohn zu sein; mach mich zu einem deiner Tagelöhner.
Dann brach er auf und ging zu seinem Vater.
Der Vater sah ihn schon von weitem kommen und er hatte Mitleid mit ihm. Er lief dem Sohn entgegen, fiel ihm um den Hals und küsste ihn.
Da sagte der Sohn: Vater, ich habe mich gegen den Himmel und gegen dich versündigt; ich bin nicht mehr wert, dein Sohn zu sein.
Der Vater aber sagte zu seinen Knechten: Holt schnell das beste Gewand und zieht es ihm an, steckt ihm einen Ring an die Hand und zieht ihm Schuhe an. Bringt das Mastkalb her und schlachtet es; wir wollen essen und fröhlich sein. Denn mein Sohn war tot und lebt wieder; er war verloren und ist wiedergefunden worden.
Und sie begannen, ein fröhliches Fest zu feiern.
Sein älterer Sohn war unterdessen auf dem Feld. Als er heimging und in die Nähe des Hauses kam, hörte er Musik und Tanz. Da rief er einen der Knechte und fragte, was das bedeuten solle.
Der Knecht antwortete: Dein Bruder ist gekommen und dein Vater hat das Mastkalb schlachten lassen, weil er ihn heil und gesund wiederbekommen hat.
Da wurde er zornig und wollte nicht hineingehen. Sein Vater aber kam heraus und redete ihm gut zu.
Doch er erwiderte dem Vater: So viele Jahre schon diene ich dir, und nie habe ich gegen deinen Willen gehandelt; mir aber hast du nie auch nur einen Ziegenbock geschenkt, damit ich mit meinen Freunden ein Fest feiern konnte. Kaum aber ist der hier gekommen, dein Sohn, der dein Vermögen

[mit Dirnen] durchgebracht hat, da hast du für ihn das Mastkalb geschlachtet. Der Vater antwortete ihm: Mein Kind, du bist immer bei mir, und alles, was mein ist, ist auch dein. Aber jetzt müssen wir uns doch freuen und ein Fest feiern; denn dein Bruder war tot und lebt wieder; er war verloren und ist wiedergefunden worden."

*Lukasevangelium 15,11-32*

## Brief an mich

Nimm ein Blatt Papier und schreibe dir selbst einen Brief. Schreibe dir in dem Brief, was du in der letzten Woche gut gemacht hast und worauf du stolz bist. Schreibe dann auf, was dir nicht gelungen ist:

- wo du Streit hattest,
- wo du andere geärgert hast,
- wo du Aufgaben nicht erledigt hast.

Schreibe dann auf, was du in der nächsten Woche besser machen willst.

# Wer weiß Bescheid?

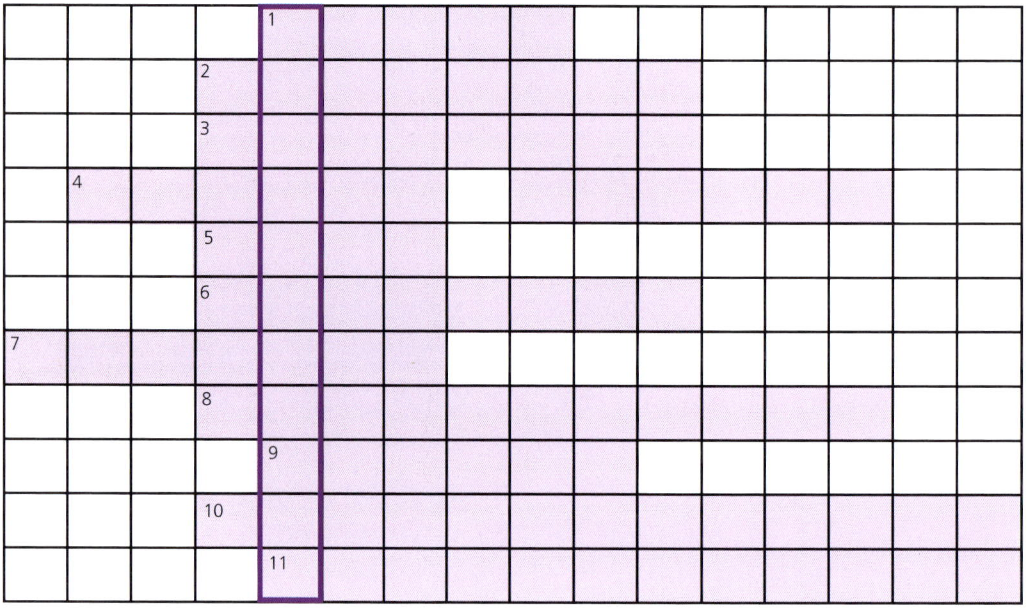

Umkehr Sohn Gemeinschaft Priester Beichte Vater besser machen
entscheiden vergeben Gewissen entschuldigen

1. Jesus erzählt das Gleichnis vom „Barmherzigen ________________________".
2. In dem Gleichnis hat der Vater dem Sohn ________________________.
3. In der Beichte spricht uns der ____________________ die Vergebung Gottes zu.
4. Buße bedeutet: Etwas ____________________ ____________________.
5. Jesus erzählt in dem Gleichnis vom Vater und dem ____________________.
6. Die innere Stimme in uns nennen wir ________________________.
7. Bald gehen wir zur ________________________________.
8. In vielen Situationen müssen wir uns für eine Möglichkeit ________________.
9. Wenn wir etwas falsch gemacht haben, haben wir die Möglichkeit zur __________.
10. Wenn ich mich mit meinem Freund wieder vertragen will, kann ich mich bei ihm ________________________________________.
11. Wenn wir uns vertragen, erleben wir eine tolle ________________________.

# Ich

**Ich**: träumerisch, träge,
schlafmützig, faul.

Und **ich**: ruhelos, neugierig,
hellwach, betriebsam.

Und **ich**: kleingläubig, feige,
zweiflerisch, hasenherzig.

Und **ich**: unverblümt, frech,
tapfer, gar mutig.

Und **ich**: mitfühlend, zärtlich,
hilfsbereit, beschützend.

Und **ich**: launisch, gleichgültig,
einsilbig, eigenbrötlerisch. –

Erst wir alle zusammen sind ich.

*(Hans Manz)*

**Manchmal bin ich** 

..........................................................................................

..........................................................................................

..........................................................................................

**Manchmal bin ich** 

..........................................................................................

..........................................................................................

..........................................................................................

## Da berühren sich Himmel und Erde

2. Wo Menschen sich verschenken,
die Liebe bedenken,
und neu beginnen, ganz neu, …

3. Wo Menschen sich verbinden,
den Hass überwinden,
und neu beginnen, ganz neu, …

*T: Thomas Laubach, M: Christoph Lehmann,*
*aus: Gib der Hoffnung ein Gesicht,*
*© tvd-Verlag Düsseldorf*

## Wir bitten und danken

**Guter Gott,**
ich danke dir,
dass ich immer zu dir kommen darf.
Dir darf ich alles sagen:
All das, was ich gut gemacht habe.
Und auch das, was nicht geklappt hat.
Du nimmst mich auch dann an,
wenn ich etwas falsch gemacht habe.
Du schenkst mir Vergebung.
Das ist ein gutes Gefühl.
Dafür danke ich dir.
Amen.

# Vom Aufgehen der Saat

und andere Erzählungen über die

## Kraft Gottes

Sieger Köder, Vom Aufgehen der Saat

**Welchen Titel würdest du diesem Bild geben?**

# Starke Typen

**Elisabeth von Thüringen** lebte als Landgräfin im 13. Jahrhundert. Sie war sehr fromm und kümmerte sich um die Armen und Kranken, obwohl ihr Mann Ludwig dies nicht gerne sah. Eines Tages trug Elisabeth wieder einmal einen Korb mit Brot, über das sie ein Tuch gelegt hatte, aus der Burg, um es den Hungernden zu bringen. Als ihr Mann sie dabei sah, machte er ihr Vorwürfe. Doch als Ludwig das Tuch abdeckte, war das Brot verschwunden, und der Korb war voller Rosen.

**Franz Xaver** stammte aus einer spanischen Adelsfamilie und lebte im 16. Jahrhundert. Er brach nach Asien auf, um den Menschen dort das Evangelium zu verkünden. Zunächst wirkte er in Goa (Indien), dann auf der malaiischen Halbinsel und erreichte schließlich Japan. Es gelang Franz Xaver, viele Menschen für Jesus Christus zu begeistern, weil er bereit war, ihre fremden Sprachen zu lernen und mit ihnen zu leben.

**Philipp Jeningen** wurde 1642 in Süddeutschland geboren und wollte ursprünglich wie Franz Xaver als Missionar nach Indien reisen. Doch dann entschied er sich, den Menschen in Deutschland von Gott und Jesus Christus zu erzählen. Oft war Philipp Jeningen tagelang unterwegs. Wenn er in ein Dorf kam, warteten schon Kinder auf „ihren Pater Philipp". Der Volksmissionar war so beliebt, dass er manchmal schon um zwei Uhr morgens aufstand, um all seine Besucher zu empfangen. Die Menschen kamen zu ihm und erzählten ihm ihre Sorgen und all das, was sie in ihrem Leben falsch gemacht hatten. Spät am Abend legte er sich für einige Stunden ins Bett oder ruhte sich auf einem Strohsack aus.

Im Jahr 1950 gründete **Mutter Teresa** die Schwesterngemeinschaft der „Missionarinnen der Nächstenliebe". Sie lebte mit den anderen Ordensschwestern bei den Armen in Kalkutta (Indien). Bis zur eigenen Erschöpfung pflegte sie die Kranken, half den Obdachlosen und kümmerte sich um die Sterbenden. Eines Tages fragte ein Journalist die Ordensfrau, woher sie ihre Kraft für ihren Dienst auf den Straßen von Kalkutta nehme. Mutter Teresa antwortete ihm, dass sie die Kraft in einem Gebet findet, das sie täglich mit den anderen Ordensschwestern betet. Das Gebet von Mutter Teresa lautet:

*Mach uns würdig, Herr,*
*unseren Mitmenschen überall zu dienen,*
*die in Armut und Hunger leben und sterben.*
*Gib ihnen durch unsere Hände*
*heute ihr täglich Brot,*
*schenke ihnen durch unsere Liebe*
*Frieden und Freude.*
*Amen.*

# Das Gleichnis vom Sauerteig

Mit dem Himmelreich ist es wie mit dem Sauerteig, den eine Frau unter einen großen Trog Mehl mischte, bis das Ganze durchsäuert war.

*Matthäusevangelium 13,33*

## Wenn das Brot, das wir teilen

2. Wenn das Leid jedes Armen uns Christus zeigt,
und die Not, die wir lindern, zur Freude wird,
dann hat Gott …

3. Wenn die Hand, die wir halten, uns selber hält,
und das Kleid, das wir schenken, auch uns bedeckt,
dann hat Gott …

4. Wenn der Trost, den wir geben, uns weiter trägt,
und der Schmerz, den wir teilen, zur Hoffnung wird,
dann hat Gott …

5. Wenn das Leid, das wir tragen, den Weg uns weist,
und der Tod, den wir sterben, vom Leben singt,
dann hat Gott …

*T: Claus-Peter März, M: Kurt Grahl,* 

# Menschen mit Mut

Die Bibel erzählt von Menschen, die wie Sauerteig waren. Mutig haben sie dazu beigetragen, die Welt zu verändern.

1. David
2. Noach
3. Petrus
4. Maria
5. Mose
6. Johannes
7. Paulus
8. Mirjam
9. Eva
10. Lydia

| | | | | | | | | | | | |
|---|---|---|---|---|---|---|---|---|---|---|---|
| E | R | G | T | Z | B | O | P | V | C | P | P |
| P | P | M | P | L | Y | D | I | A | Z | A | F |
| E | V | A | H | E | L | Ö | P | Ä | Ü | U | I |
| H | Z | T | R | E | T | C | F | V | E | L | H |
| N | J | U | Z | H | G | R | T | R | F | U | B |
| V | D | M | S | S | X | C | U | G | F | S | E |
| Ä | J | O | H | A | N | N | E | S | S | A | Y |
| X | V | S | A | N | M | K | J | M | Z | T | R |
| E | Q | E | A | C | V | N | O | A | C | H | J |
| M | K | Y | L | Ö | O | K | I | R | U | H | Z |
| G | T | F | R | B | G | N | A | I | U | Z | T |
| R | E | D | E | M | I | R | J | A | M | V | B |
| N | M | K | J | L | O | I | U | Z | T | R | E |
| D | A | V | I | D | E | S | C | V | B | N | M |

# Die Sterntaler

Es war einmal ein kleines Mädchen, dem waren Vater und Mutter gestorben, und es war so arm, dass es kein Kämmerchen mehr hatte, darin zu wohnen, und kein Bettchen mehr hatte, darin zu schlafen, und endlich gar nichts mehr als die Kleider auf dem Leib und ein Stückchen Brot in der Hand, das ihm ein mitleidiges Herz geschenkt hatte. Es war aber gut und fromm. Und weil es so von aller Welt verlassen war, ging es im Vertrauen auf den lieben Gott hinaus ins Feld. Da begegnete ihm ein armer Mann, der sprach: „Ach, gib mir etwas zu essen, ich bin so hungrig." Es reichte ihm das ganze Stückchen Brot und sagte: „Gott segne dir's", und ging weiter. Da kam ein Kind, das jammerte und sprach: „Es friert mich so an meinem Kopfe, schenk mir etwas, womit ich ihn bedecken kann." Da tat es seine Mütze ab und gab sie ihm. Und als es noch eine Weile gegangen war, kam wieder ein Kind und hatte kein Leibchen an und fror: da gab es ihm seins; und noch weiter, da bat eins um ein Röcklein, das gab es auch von sich hin.

Endlich gelangte es in einen Wald, und es war schon dunkel geworden, da kam noch eins und bat um ein Hemdlein, und das fromme Mädchen dachte: „Es ist dunkle Nacht, da sieht dich niemand, du kannst wohl dein Hemd weggeben", und zog das Hemd ab und gab es auch noch hin. Und wie es so stand und gar nichts mehr hatte, fielen auf einmal die Sterne vom Himmel, und waren lauter blanke Taler; und ob es gleich sein Hemdlein weggegeben, so hatte es ein neues an, und das war vom allerfeinsten Leinen. Da sammelte es sich die Taler hinein und war reich für sein Lebtag.

*Gebrüder Grimm*

# Wusstest du schon, ...

- dass die Bibel das am meisten verbreitete Buch auf der ganzen Welt ist? Eine vollständige Bibelübersetzung gibt es in ca. 370 Sprachen. Das Neue Testament ist sogar in etwa 1300 Sprachen übersetzt.

- dass jährlich etwa 22 Millionen Bibeln verkauft oder verschenkt werden? Kein anderes Buch auf der Welt erreicht auch nur annähernd solche Auflagen.

- dass kein Buch so oft verfilmt worden ist wie die Bibel. Es gibt die Bibel als Video, als Comic, auf Kassetten, auf CDs und DVDs.

- dass die Texte der Bibel jederzeit im Computer, auf CD-ROM oder im Internet gelesen werden können?

- dass Wissenschaftler auf der ganzen Welt damit beschäftigt sind, die Bibel zu erforschen und auszulegen?

- dass unzählige Menschen täglich in der Bibel lesen?

## Bibel-Rolle

In der Synagoge hat Jesus von einer Papyrusrolle vorgelesen. Auch du kannst solch eine Bibel-Rolle basteln. Klebe zunächst mehrere DIN-A5-Blätter längs aneinander. Anschließend suchst du dir eine biblische Geschichte aus, die du nun auf die Bibelrolle schreiben oder malen kannst. Dann klebst du an das obere und untere Ende des Papierstreifens jeweils ein Rundholz. Nun kannst du deine Bibelrolle auf- und wieder abrollen.

## Wir hören Gottes Wort

*Wir hören eine Lesung aus der Bibel:*

**Wort des lebendigen Gottes.**

***Dank sei Gott.***

*Nun folgt der Evangelientext:*

**Der Herr sei mit euch.**

***Und mit deinem Geiste.***

**Aus dem heiligen Evangelium nach Matthäus** (oder Markus, Lukas, Johannes).

***Ehre sei dir, o Herr.***

**Evangelium unseres Herrn Jesus Christus.**

***Lob sei dir, Christus.***

## Gottes Wort ist wie Licht in der Nacht

*T: Hans-Hermann Bittger*
*M: Kanon für zwei Stimmen, Joseph Jacobsen 1935*

## Wir bitten und danken

**Guter Gott,**

die vier Evangelien erzählen uns in
vielen Geschichten von Jesus.
Durch die Evangelien wissen wir,
wie gut dieser Jesus zu den Menschen war.
Er hat Kranke geheilt,
Trauernde getröstet,
Ängstliche ermutigt.
Er liebte alle Menschen.
Mit seinem Leben hat er uns Menschen
gezeigt, wie gut Gott ist.

Wir danken dir, dass all diese
Geschichten aufgeschrieben wurden.
So können wir auch heute noch hören,
wie Jesus damals gelebt hat.
Öffne unsere Herzen,
dass auch wir uns vom Beispiel Jesu
anstecken lassen,
und ebenso wie er auf dein Wort hören,
um nach deinem Willen zu leben.
Amen.

# Die Brotvermehrung

und andere Erzählungen über

## Gemeinschaft

Sieger Köder, Das Brotwunder

## Was fällt dir noch auf?

# Der Steckbrief Jesu

# Die Speisung der Fünftausend

Jesus fuhr mit dem Boot in eine einsame Gegend, um allein zu sein. Aber die Leute in den Städten hörten davon und gingen ihm zu Fuß nach. Als er ausstieg und die vielen Menschen sah, hatte er Mitleid mit ihnen und heilte die Kranken, die bei ihnen waren. Als es Abend wurde, kamen die Jünger zu ihm und sagten: Der Ort ist abgelegen und es ist schon spät geworden. Schick doch die Menschen weg, damit sie in die Dörfer gehen und sich etwas zu essen kaufen können.
Jesus antwortete: Sie brauchen nicht wegzugehen. Gebt ihr ihnen zu essen!
Sie sagten zu ihm: Wir haben nur fünf Brote und zwei Fische bei uns. Darauf antwortete er: Bringt sie her! Dann ordnete er an, die Leute sollten sich ins Gras setzen. Und er nahm die fünf Brote und die zwei Fische, blickte zum Himmel auf, sprach den Lobpreis, brach die Brote und gab sie den Jüngern; die Jünger aber gaben sie den Leuten, und alle aßen und wurden satt. Als die Jünger die übrig gebliebenen Brotstücke einsammelten, wurden zwölf Körbe voll. Es waren etwa fünftausend Männer, die an dem Mahl teilnahmen, dazu noch Frauen und Kinder.

*Matthäusevangelium 14,13–21*

## Danke für das Brot

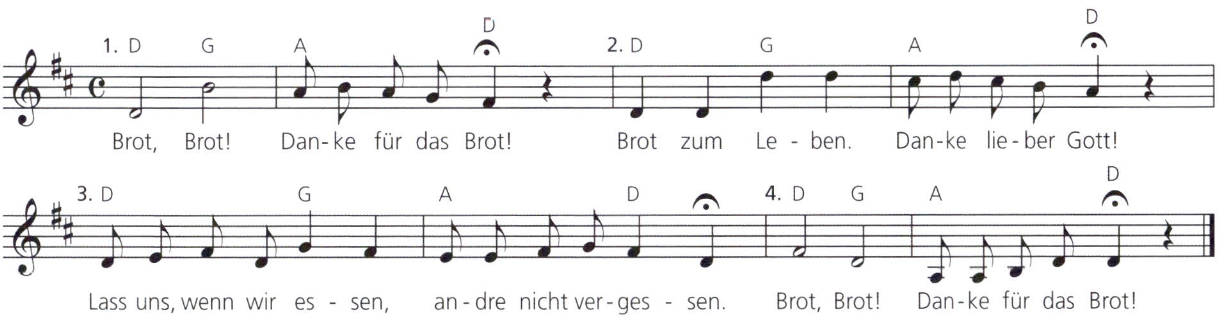


*T: Rolf Krenzer, M: Peter Janssens, aus: Ich schenk dir einen Sonnenstrahl, 1985*

DER AUSFLUG
ICH KANN NICHT MEHR! MEINE FÜẞE TUN WEH!
HOFFENTLICH KOMMT GLEICH DAS BERGHÄUSCHEN. DA KÖNNEN WIR WAS ZU ESSEN KAUFEN!
JETZT HABEN WIR ES ENDLICH GESCHAFFT!
ABER ICH SEHE GAR KEIN GASTHAUS!
ICH HABE ABER HUNGER!
WAS MACHEN WIR JETZT?
VIELLEICHT HAT JEMAND WAS ZU ESSEN MITGENOMMEN?
ICH HABE NICHTS DABEI!
ICH HABE NUR KAUGUMMIS. DIE MACHEN NICHT SATT.

ICH HABE DOCH ETWAS MIT.
HATTE ICH GANZ
VERGESSEN..
KEKS
WOLLT IHR WAS TRINKEN?
ENDE

# Über den Kirchturm hinaus

Wir denken auch an die Menschen, denen es nicht gut geht. Wir tragen Gott unsere Bitten vor:

**Guter Gott, wir bitten dich für …**

## Offen werden wie eine Schale

Forme aus Ton oder aus Modelliermasse eine kleine Schale. Nachdem sie getrocknet oder gebrannt ist, kannst du etwas Schönes hineinlegen.

## Wir antworten

*Der Priester spricht mit uns über das Evangelium, das wir gerade im Gottesdienst gehört haben.*

*Wir bekennen unseren Glauben:*

***Ich glaube an Gott, den Vater, den Allmächtigen … und an Jesus Christus, seinen eingeborenen Sohn, unsern Herrn … Ich glaube an den Heiligen Geist … Amen.***

*Wir tragen Gott unsere Fürbitten vor.*

***Wir bitten dich, erhöre uns!***

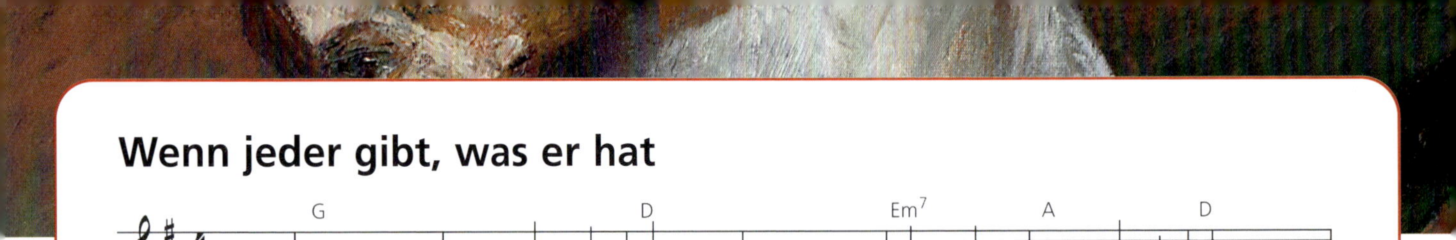

## Wenn jeder gibt, was er hat

2. Wir spinnen, träumen, schauen, wir fangen an zu bauen,
wir spinnen, träumen, schauen, wir fangen an zu bauen.

3. Wir teilen, was wir haben, wir bringen unsre Gaben,
wir teilen, was wir haben, wir bringen unsre Gaben.

*T: Wilhelm Willms, M: Peter Janssens, aus: Fest der Hoffnung, 1976*



## Wir bitten und danken

**Guter Gott,**
wir alle haben viele Begabungen und Fähigkeiten.
Sie sind uns geschenkt worden.
Vieles ist schöner, wenn wir es miteinander teilen.
Lass uns immer wieder daran denken,
das zu teilen, was uns geschenkt worden ist.
Amen.

# Das Gebet um Brot

## und andere Bitten des Vaterunsers

Sieger Köder, In unserer Mitte

Bei diesem Bild muss man schon ganz genau hinschauen, aber dann kann man einiges entdecken …
Hey, was ist das? Ist das nicht ein Gesicht, das sich in dem Kelch spiegelt?
Da ist wieder das Kornfeld, das war doch schon mal auf einem anderen Bild!
Ist das nicht ein Kelch?
Ja, und da im Getreide ist noch ein Gesicht. Seltsam.
Und unten auf dem Bild ist ein Brunnen mit rotem Wasser.
Ja, ich finde auch, das sieht wie ein Kelch mit Traubensaft oder Wein aus.
Hast du eine Idee, was der Maler mit diesem Bild ausdrücken wollte?

# Der Körper betet mit

Vater unser im Himmel,
*Hände hochstrecken*

geheiligt werde dein Name.
*verbeugen*

Dein Reich komme.
*Finger einrollen, Hände zur Brust führen*

Dein Wille geschehe,
*verbeugen*

wie im Himmel so auf Erden.
*Kreis beschreiben und*

Unser tägliches Brot gib uns heute.
*Hände als Schale aufhalten*

Und vergib uns unsere Schuld,
*Finger einrollen, Hände zur Brust führen*

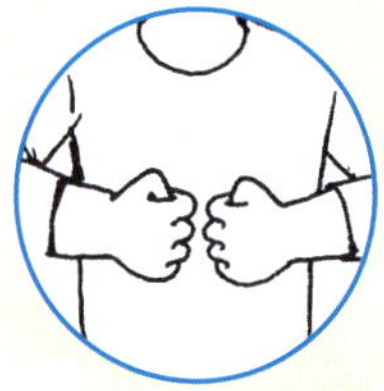

wie auch wir vergeben unseren Schuldigern.
*Arme und Hände ausstrecken*

Und führe uns nicht in Versuchung,
*Hände hinter den Rücken*

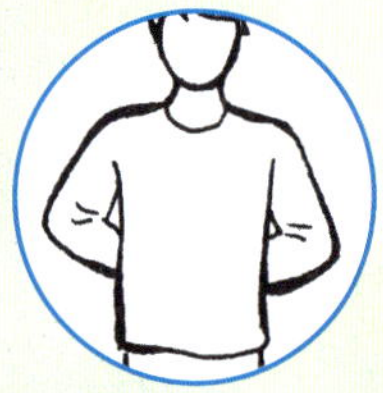

sondern erlöse uns von dem Bösen.
*Arme ausstrecken, Hände hoch*

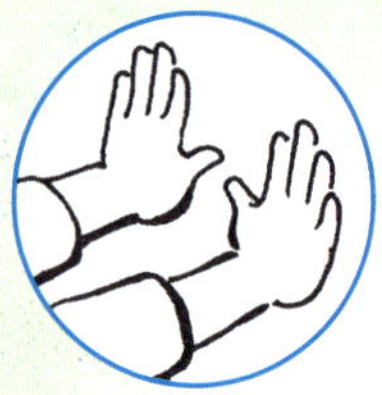

Denn dein ist das Reich und die Kraft und die Herrlichkeit in Ewigkeit. Amen.

# Laudato si

2. Sei gepriesen für Licht und Dunkelheiten!
Sei gepriesen für Nächte und für Tage!
Sei gepriesen für Jahre und Gezeiten!
Sei gepriesen, denn du bist wunderbar, Herr!
Refrain

3. Sei gepriesen für Wolken, Wind und Regen!
Sei gepriesen, du lässt die Quellen springen!
Sei gepriesen, du lässt die Felder reifen!
Sei gepriesen, denn du bist wunderbar, Herr!
Refrain

4. Sei gepriesen für deine hohen Berge!
Sei gepriesen für Feld und Wald und Täler!
Sei gepriesen für deiner Bäume Schatten!
Sei gepriesen, denn du bist wunderbar, Herr!
Refrain

5. Sei gepriesen, du lässt die Vögel singen!
Sei gepriesen, wenn sie am Morgen singen!
Sei gepriesen für alle deine Tiere!
Sei gepriesen, denn du bist wunderbar, Herr!
Refrain

6. Sei gepriesen, denn du, Herr, schufst den Menschen!
Sei gepriesen, er ist dein Bild der Liebe!
Sei gepriesen für jedes Volk der Erde!
Sei gepriesen, denn du bist wunderbar, Herr!
Refrain

7. Sei gepriesen, du selbst bist Mensch geworden!
Sei gepriesen, für Jesus, unsern Bruder!
Sei gepriesen, wir tragen seinen Namen!
Sei gepriesen, denn du bist wunderbar, Herr!
Refrain

8. Sei gepriesen, er hat zu uns gesprochen!
Sei gepriesen, er ist für uns gestorben!
Sei gepriesen, er ist vom Tod erstanden!
Sei gepriesen, denn du bist wunderbar, Herr!
Refrain

9. Sei gepriesen, o Herr, für Tod und Leben!
Sei gepriesen, du öffnest uns die Zukunft!
Sei gepriesen, in Ewigkeit gepriesen!
Sei gepriesen, denn du bist wunderbar, Herr!
Refrain

*T: Winfried Pilz, M: mündlich überliefert*

# Der tanzende Gaukler

Es war einmal ein Gaukler, der tanzend und springend von Ort zu Ort zog, bis er des unsteten Lebens müde war. Da gab er alle seine Habe hin und trat in das Kloster zu Clairvaux ein.
Aber weil er sein Leben bis dahin mit Springen, Tanzen und Radschlagen zugebracht hatte, war ihm das Leben der Mönche fremd, und er wusste weder ein Gebet zu sprechen noch einen Psalter zu singen.
So ging er stumm umher, und wenn er sah, wie jedermann des Gebetes kundig schien, aus frommen Büchern las und mit im Chor die Messe sang, stand er beschämt dabei: Ach, er allein, er konnte nichts. „Was tu ich hier?“, sprach er zu sich, „ich weiß nicht zu beten und kann mein Wort nicht machen. Ich bin hier unnütz und der Kutte nicht wert, in die man mich kleidete.“
In seinem Gram flüchtete er eines Tages, als die Glocke zum Chorgebet rief, in eine abgelegene Kapelle. „Wenn ich schon nicht mitbeten kann im Konvent der Mönche“, sagte er vor sich hin, „so will ich doch tun, was ich kann.“ Rasch streifte er das Mönchsgewand ab und stand da in seinem bunten Röckchen, in dem er als

Gaukler umhergezogen war. Und während vom hohen Chor die Psalmgesänge herüberwehen, beginnt er mit Leib und Seele zu tanzen, vor- und rückwärts, linksherum und rechtsherum. Mal geht er auf seinen Händen durch die Kapelle, mal überschlägt er sich in der Luft und springt die kühnsten Tänze, um Gott zu loben. Wie lange auch das Chorgebet der Mönche dauert, er tanzt ununterbrochen, bis ihm der Atem verschlägt und die Glieder ihren Dienst versagen. Ein Mönch war ihm aber gefolgt und hatte durch ein Fenster seine Tanzsprünge mit angesehen und heimlich den Abt geholt. Am anderen Tag ließ dieser den Bruder zu sich rufen.

Der Arme erschrak zutiefst und glaubte, er solle des verpassten Gebetes wegen gestraft werden. Also fiel er vor dem Abt nieder und sprach: „Ich weiß, Herr, dass hier meines Bleibens nicht ist. So will ich aus freien Stücken ausziehen und in Geduld die Unrast der Straße wieder ertragen." Doch der Abt neigte sich vor ihm, küsste ihn und bat ihn, für ihn und alle Mönche bei Gott einzustehen: „In deinem Tanze hast du Gott mit Leib und Seele geehrt. Uns aber möge er alle wohlfeilen Worte verzeihen, die über die Lippen kommen, ohne dass unser Herz sie sendet."

*Nach einer französischen Legende*

## Gebetswürfel

Male dir die Umrisse eines Würfels auf. Nun kannst du auf die sechs Seiten des Würfels jeweils einen der folgenden Satzanfänge schreiben:

**Ich danke dir, Gott, dass … Ich freue mich, Gott, weil …**
**Ich bin glücklich, weil … Ich bitte dich, Gott, dass …**
**Ich wünsche mir, Gott, dass … Ich hoffe, dass …**

Anschließend kannst du die Umrisse des Gebetswürfels ausschneiden, die Kanten falten und die Klebelaschen mit Klebstoff versehen. Wenn du den Würfel geformt und zugeklebt hast, ist dein Gebetswürfel fertig.

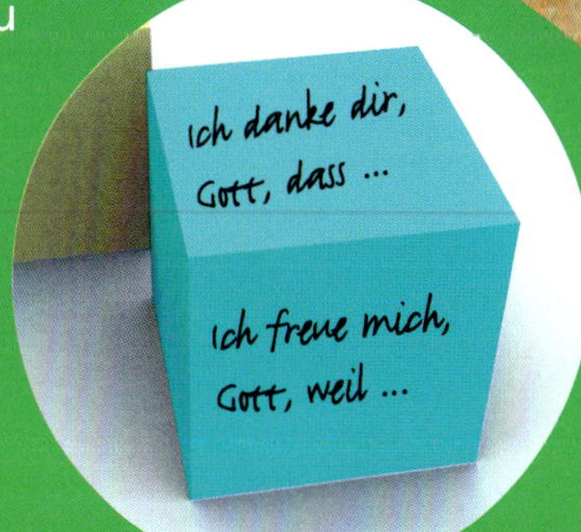

# Brot für uns

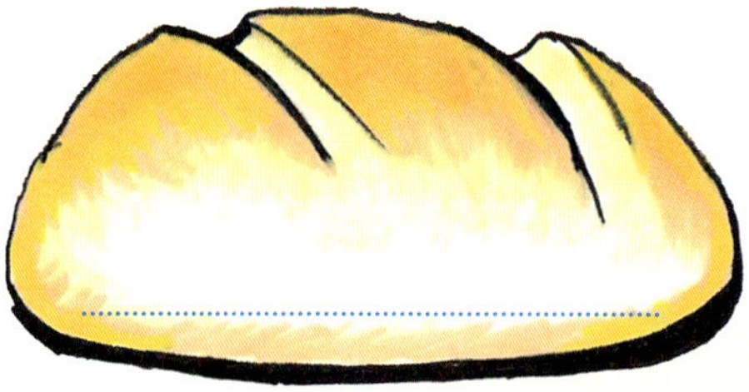

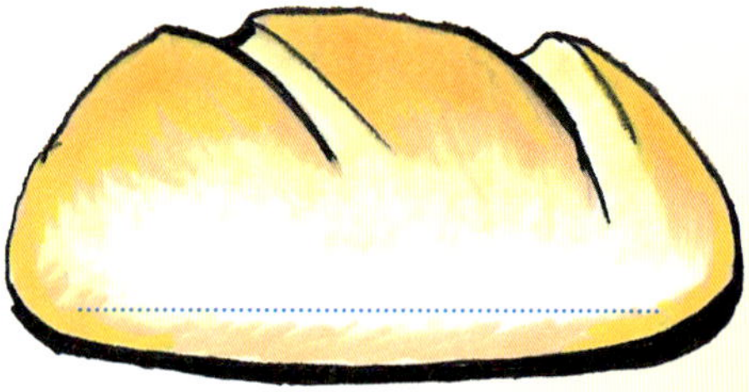

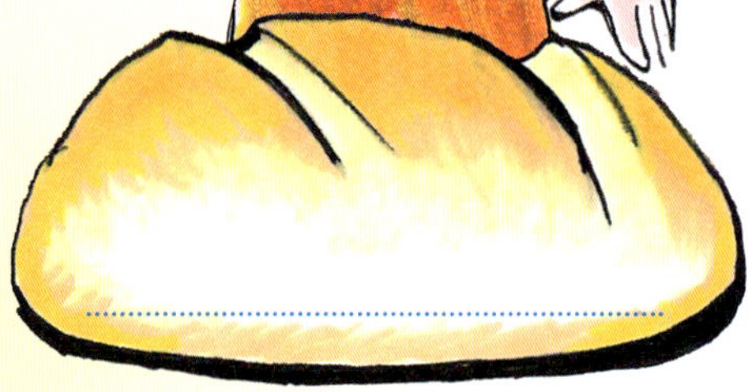

## Unser tägliches Brot gib uns heute

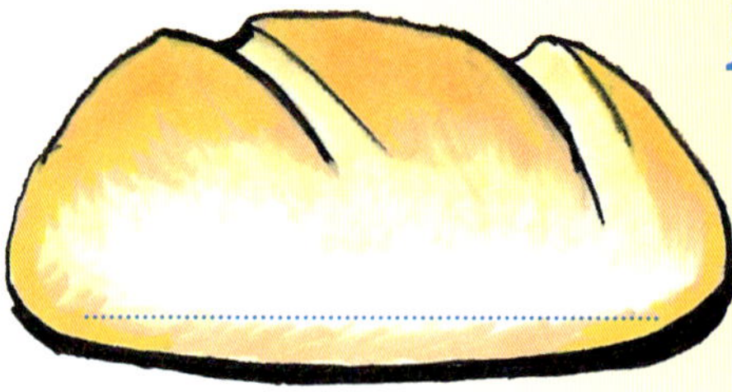

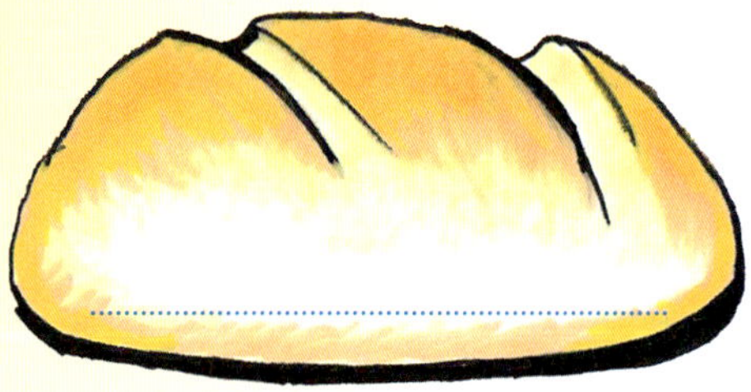

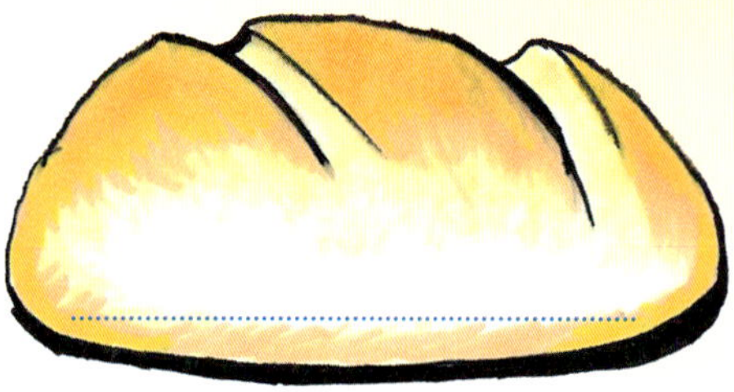

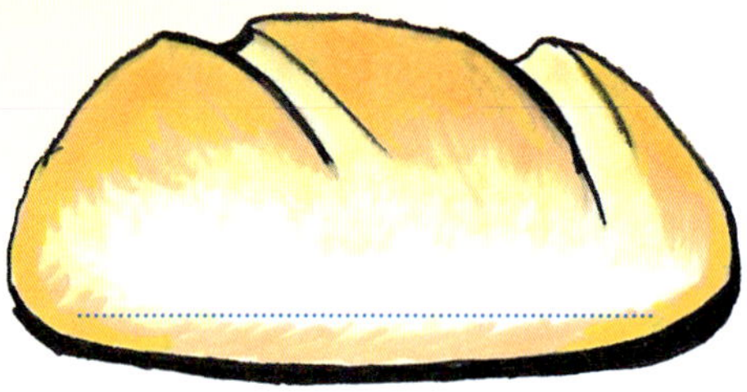

# Wir bringen unsere Gaben

**Gepriesen bist du, Herr, unser Gott. Du schenkst uns das Brot. Du schenkst uns den Wein.**

*Die kleine Münze Hoffnung trägt dazu bei, die Not auf dieser Welt zu lindern.*

**Herr, unser Gott, wir bringen das Brot dar, das aus vielen Körnern bereitet, und den Wein, der aus vielen Trauben gewonnen ist. Schenke deiner Kirche, was diese Gaben geheimnisvoll bezeichnen: die Einheit und den Frieden. Darum bitten wir durch Christus, unseren Herrn, Amen.**

## Jesus Brot Jesus Wein

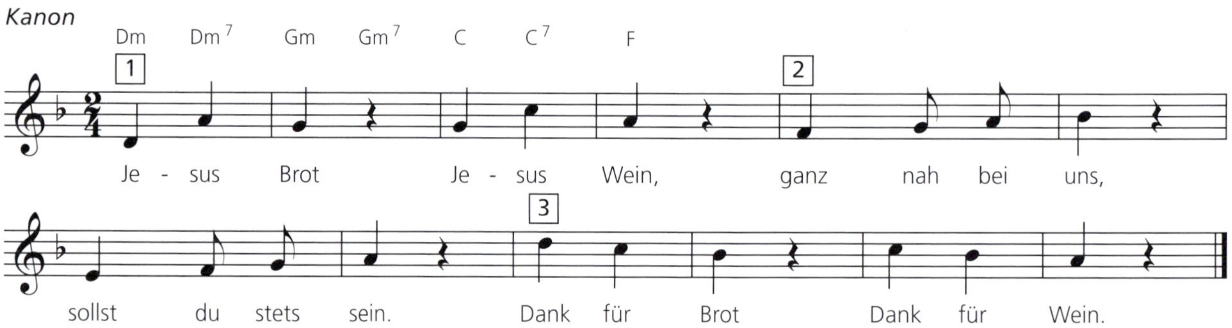


*T: Friedrich Karl Barth / Peter Horst*
*M: Peter Janssens*

*aus: Uns allen blüht der Tod, 1979*


## Wir bitten und danken

**Guter Gott,**
wir brauchen zum Leben nicht nur Essen,
sondern auch Liebe und Zuneigung.
Wir bitten dich:
Unser tägliches Brot gib uns heute.
Unsere tägliche Freude gib uns heute.
Unsere tägliche Liebe gib uns heute.
Unsere täglichen Freunde gib uns heute.
Wir glauben,
dass du immer bei uns bist.

Amen.

# Das Abendmahl

und andere Erzählungen von

## Gottes Einladung

Sieger Köder, An seinem Tisch

**Hast du eine Idee, warum der Maler nur die Hände von der Person gemalt hat, die Brot und Wein verteilt?**

# Das Abendmahl

Während des Mahls nahm er das Brot und sprach den Lobpreis; dann brach er das Brot, reichte es ihnen und sagte: Nehmt, das ist mein Leib. Dann nahm er den Kelch, sprach das Dankgebet, reichte ihn den Jüngern und sie tranken alle daraus. Und er sagte zu ihnen: Das ist mein Blut, das Blut des Bundes, das für viele vergossen wird.

*Markusevangelium 14,22–24*

## Gott lädt uns alle ein

2. Wir feiern, dass Gott Leben ist.
Er lässt uns nie allein.
Als Zeichen, dass er bei uns ist,
teilen wir Brot und Wein.
Refrain

3. Wir feiern, dass Gott mit uns geht,
wohin sein Geist uns treibt.
Wer sein Wort hört, wer ihn versteht,
in seiner Liebe bleibt.
Refrain

*T: Frank Reintgen*
*M. Gika Bäumer*

# Brot, das anders schmeckt

Es war an der Südküste eines lateinamerikanischen Landes. In einem Fischerdorf wohnte Marco mit seiner Frau Linda und seinen drei Kindern Jose, Amalio und Lucia. Er war jahrelang Fischer gewesen. Seit einigen Monaten jedoch war er arbeitslos. Seine Firma, für die er zum Fischfang gegangen war, hatte sich aus dem Dorf zurückgezogen, weil sich, wie man ihm sagte, der Fischfang in der Küstenregion nicht mehr lohnte. Der Tag ist nahe, an dem Marco seine Familie verlassen muss, um in der großen Stadt, die tausend Kilometer entfernt vom Dorf liegt, eine Arbeit zu finden. Bliebe er im Dorf, so wären die wenigen Ersparnisse bald aufgezehrt, und die ganze Familie müsste dann hungern. Mutter und Kinder waren an dem Tag zuvor sehr traurig, dass der Vater so weit wegfahren muss, um für sie das tägliche Brot zu verdienen. Auch Marco, der Vater, war traurig, denn er wusste nicht, wann er seine Frau und seine drei Kinder wiedersehen würde. Er dachte den ganzen Tag darüber nach, was er seiner Familie zum Abschied als Andenken hinterlassen könnte, damit seine Frau und die Kinder immer, solange er weg war, an ihn denken würden; und er dachte darüber nach, was er mitnehmen könnte als Erinnerung an seine Liebsten. Es war Abend geworden, und alle saßen am Tisch. Jeder wusste, dass es das letzte Mal war, dass sie zusammen mit dem Vater das Abendbrot aßen. Es herrschte eine gespannte Stille, jeder wusste warum. Nur die kleine Lucia wagte, den Vater zu fragen: „Papa, wenn du morgen wegfährst, schlafe ich dann noch?" „Ja", sagte der Vater, „denn ich werde sehr früh abreisen. Ich brauche zwei Tage, um mit dem alten Bus in die große Stadt im Norden zu kommen. Aber ich werde bald eine Arbeit finden und eine Wohnung; und dann komme ich euch holen, damit wir immer beisammen sind. Ich weiß nicht, wie lange das dauern wird. Ich will von euch ein Andenken mitnehmen. Es soll mich daran erinnern, dass ich euch lieb habe und dass ich bald kommen muss, euch zu holen. Ich will aber auch euch ein Andenken hinterlassen. Es soll euch daran erinnern, dass ihr mich lieb habt und dass ihr auf mich wartet. Ich habe nichts", fuhr der Vater fort, „was ich euch schenken kann. Trotzdem gibt es etwas, das wird uns helfen: euch, an mich zu denken, und mir, an euch zu denken. Wenn ihr zusammen seid, und an diesem Tisch euer Brot esst, dann denkt an mich. Und wenn ich in der großen Stadt Brot esse, dann denke ich an euch."

„Abgemacht", riefen die Kinder und obwohl sie den Vater einige Zeit nicht mehr sehen würden, waren sie nicht mehr so traurig, denn sie wussten: Jedes Mal, wenn wir mit der Mutter am Tisch essen, dann denken wir an Vater. Und er denkt beim Brotessen an uns, bis er kommt, uns zu holen.
Seit diesem Tag hat das Brot den Kindern und der Mutter zu Hause sowie dem Vater in der Ferne anders geschmeckt als zuvor.

*Jesús Hernández Aristu*

# Brot und Wein aus meinen Händen

Rolle aus Ton eine ca. 1/2–1 cm dicke Platte und schneide aus ihr eine Kreis- oder Rechteckform aus. Nun kannst du auf deiner Tonplatte Brot und Weintrauben darstellen. Dazu kannst du die Motive entweder aus Ton formen und diese dann auf der Tonplatte befestigen. Oder du nimmst einen Zahnstocher und ritzt die Motive in die Tonfläche ein.

# Wir haben Gemeinschaft

*Wir beten das Vaterunser.*

*Wir wünschen uns gegenseitig den Frieden:*

***Der Friede sei mit dir.***

*Wir erinnern uns daran,*
*dass Christus für uns gestorben ist:*

***Lamm Gottes,***
***du nimmst hinweg die Sünde der Welt:***
***Erbarme dich unser.***
***Lamm Gottes,***
***du nimmst hinweg die Sünde der Welt:***
***Gib uns deinen Frieden.***

## Dieses kleine Stück Brot

2. Dieser kleine Schluck Wein in unsren Bechern
gibt Kraft für alle Menschen.
Du verwandelst das Brot in Jesu Leib.
Du verwandelst den Wein in Jesu Blut.
Du verwandelst den Tod in Auferstehn:
Verwandle du auch uns!

3. Jede Hoffnung, die lebt in unsren Herzen,
ist Hoffnung für diese Welt.
Du verwandelst das Brot in Jesu Leib.
Du verwandelst den Wein in Jesu Blut.
Du verwandelst den Tod in Auferstehn:
Verwandle du auch uns!

## Wir bitten und danken

**Guter Gott,**
du hast einen Bund mit uns geschlossen.
Der Regenbogen erinnert uns daran.
Durch Jesus hast du einen neuen Bund mit uns geschlossen.
Die Gaben Brot und Wein sind Zeichen des Neuen Bundes mit dir.
Wir danken dir, dass du bei uns bist.
Lass uns an dich denken,
wenn wir einen Regenbogen sehen
und wenn wir von deinem Brot essen.
Amen.

# Der Gang nach Emmaus

und unsere Begegnung mit

**Christus**

Sieger Köder, Emmaus

**Auf dem Tisch liegt ein Buch, in dem ein Text zu lesen ist. Kann der Text helfen, das Bild zu verstehen?**

# Begegnung mit dem Auferstandenen auf dem Weg nach Emmaus

Drei Tage nachdem Jesus gestorben war, waren zwei von den Jüngern auf dem Weg in ein Dorf namens Emmaus, das sechzig Stadien von Jerusalem entfernt ist. Sie sprachen miteinander über all das, was sich ereignet hatte. Während sie redeten und ihre Gedanken austauschten, kam Jesus hinzu und ging mit ihnen. Doch sie waren wie mit Blindheit geschlagen, so dass sie ihn nicht erkannten. Er fragte sie: Was sind das für Dinge, über die ihr auf eurem Weg miteinander redet? Da blieben sie traurig stehen, und der eine von ihnen – er hieß Kleopas – antwortete ihm: Bist du so fremd in Jerusalem, dass du als einziger nicht weißt, was in diesen Tagen dort geschehen ist? Er fragte sie: Was denn? Sie antworteten ihm: Das mit Jesus aus Nazaret. Er war ein Prophet, mächtig in Wort und Tat vor Gott und dem ganzen Volk. Doch unsere Hohenpriester und Führer haben ihn zum Tod verurteilen und ans Kreuz schlagen lassen. Wir aber hatten gehofft, dass er der sei, der Israel erlösen werde. Und dazu ist heute schon der dritte Tag, seitdem das alles geschehen ist. Aber nicht nur das: Auch einige Frauen aus unserem Kreis haben uns in große Aufregung versetzt. Sie waren in der Frühe beim Grab, fanden aber seinen Leichnam nicht.

Als sie zurückkamen, erzählten sie, es seien ihnen Engel erschienen und hätten gesagt, er lebe. Einige von uns gingen dann zum Grab und fanden alles so, wie die Frauen gesagt hatten; ihn selbst aber sahen sie nicht. Da sagte er zu ihnen: Begreift ihr denn nicht? Wie schwer fällt es euch, alles zu glauben, was die Propheten gesagt haben. Musste nicht der Messias all das erleiden, um so in seine Herrlichkeit zu gelangen? Und er legte ihnen dar, ausgehend von Mose und allen Propheten, was in der gesamten Schrift über ihn geschrieben steht. So erreichten sie das Dorf, zu dem sie unterwegs waren. Jesus tat, als wolle er weitergehen, aber sie drängten ihn und sagten: Bleib doch bei uns; denn es wird bald Abend, der Tag hat sich schon geneigt. Da ging er mit hinein, um bei ihnen zu bleiben. Und als er mit ihnen bei Tisch war, nahm er das Brot, sprach den Lobpreis, brach das Brot und gab es ihnen. Da gingen ihnen die Augen auf und sie erkannten ihn; dann sahen sie ihn nicht mehr. Und sie sagten zueinander: Brannte uns nicht das Herz in der Brust, als er unterwegs mit uns redete und uns den Sinn der Schrift erschloss?

Noch in derselben Stunde brachen sie auf und kehrten nach Jerusalem zurück und sie fanden die Elf und die anderen Jünger versammelt. Diese sagten: Der Herr ist wirklich auferstanden und ist dem Simon erschienen. Da erzählten auch sie, was sie unterwegs erlebt und wie sie ihn erkannt hatten, als er das Brot brach.

*Lukasevangelium 24,13–35*

## Emmaus damals – Emmaus heute

# Mutmachseite

Manchmal gibt es Situationen, in denen wir Hilfe brauchen.
Wir brauchen jemanden, der uns hilft, uns tröstet, uns Mut macht, uns eine andere Möglichkeit zeigt … Auch den Jüngern ist es so ergangen: Sie waren mutlos und enttäuscht, vielleicht sogar ängstlich. Jesus lässt die Jünger nicht allein. Er gesellt sich zu ihnen und macht ihnen Mut.

**Ich brauche Menschen, die mir Mut machen, wenn**

Die beiden Jünger erkennen Jesus, als er das Gebet spricht und für sie das Brot bricht. Dabei erinnern sie sich an vieles, was Jesus gesagt und getan hat.

**An welche Erzählungen von Jesus erinnerst du dich besonders gerne? Bestimmt fällt dir eine Menge ein!**

## Herr, bleibe bei uns

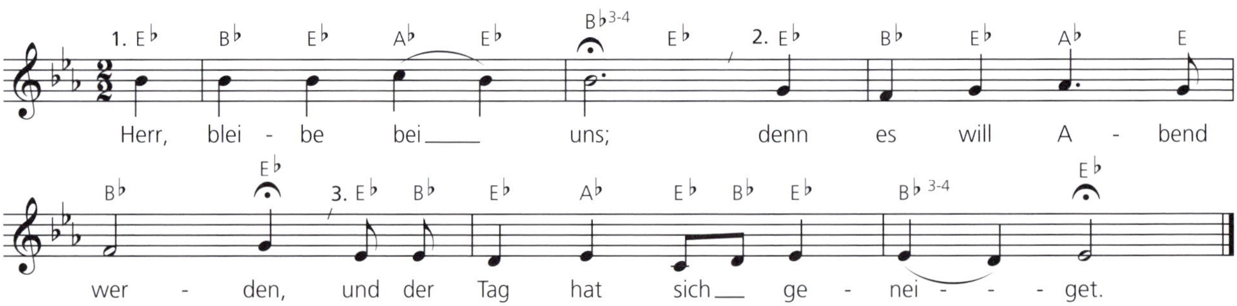


*T: Lukas 24,29, M: Albert Thate*

## Die Nähe Jesu spüren

Ich spüre, dass Jesus mir nahe ist, wenn:

- [ ] ich in der Bibel lese.
- [ ] ich über sein Leben höre.
- [ ] ich anderen Kindern von Jesus erzähle.
- [ ] ich das Vaterunser bete.
- [ ] ich anderen Menschen helfe.
- [ ] ich zur Kommunion gehe.
- [ ] ich ..........................................................................

..........................................................................

..........................................................................

..........................................................................

## Meine Erstkommunionkerze

Male zunächst auf einem Blatt Papier die Motive auf, mit denen du deine Kerze verzieren möchtest. Schneide sie aus und prüfe, ob sie tatsächlich auf die Kerze passen. Dann ritze diese Motive aus den bunten Wachsplatten und drücke sie vorsichtig auf deine Kerze.

# Emmaus kreuz und quer

1. In welches Dorf waren die beiden Jünger unterwegs?
2. Wie fühlten sich die beiden Jünger?
3. Über wen unterhielten sie sich?
4. Wie viele Tage war Jesus schon tot?
5. Wie hieß einer der beiden Jünger?
6. Jesus erklärte den beiden Jüngern die Heilige …
7. Zu welcher Tageszeit kamen sie in dem Dorf an?
8. Was machten die drei, als sie in dem Dorf angekommen waren?
9. Woran haben die drei gesessen?
10. Was hat Jesus in die Hand genommen?
11. Woran erkannten sie Jesus?
12. Wohin gingen die beiden Jünger zurück?

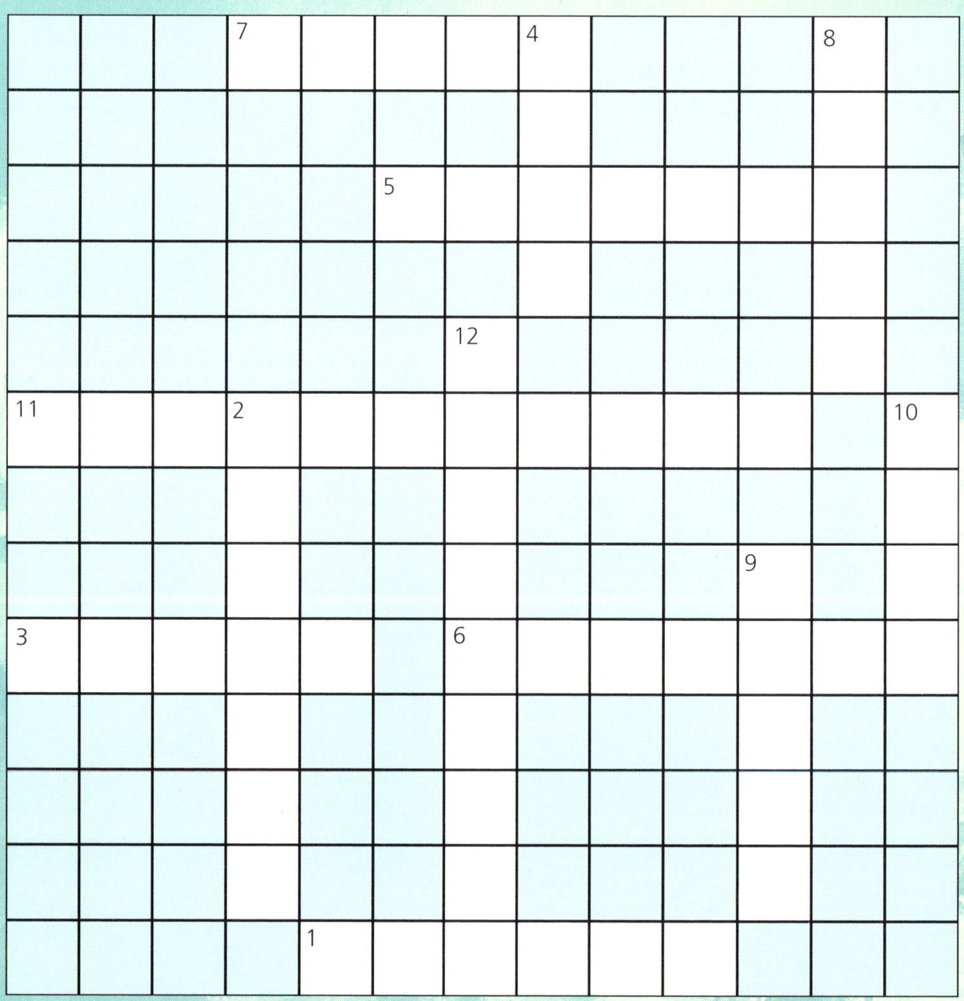

# Wir gehen gestärkt

*Wir essen das Brot (und trinken den Wein).*

**Der Leib Christi.**

***Amen.***

*Der Priester segnet uns:*

**Es segne euch der allmächtige Gott:**
**Der Vater, der Sohn und der Heilige Geist.**

***Amen.***

*Wir leben unseren Glauben im Alltag:*

**Gehet hin in Frieden.**

***Dank sei Gott, dem Herrn.***

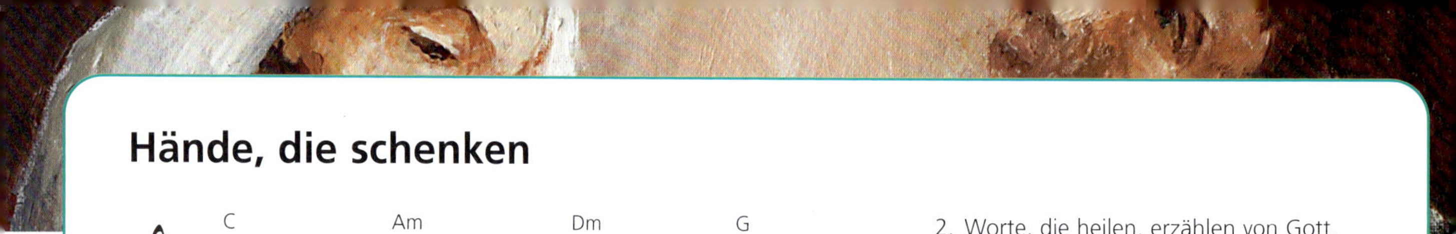

## Hände, die schenken

2. Worte, die heilen, erzählen von Gott.
Sie sagen, dass er zu mir steht.
Worte, die heilen, befreien mich heut,
sie sind das Licht dieser Welt.

3. Augen, die sehen, erzählen von Gott.
Sie sagen, dass er auf mich schaut.
Augen, die sehen, sie öffnen die Tür,
sie sind die Hoffnung der Welt.

4. Lippen, die segnen, erzählen von Gott.
Sie sagen, dass er mich erwählt.
Lippen, die segnen, sind Freude für mich,
sie sind die Zukunft der Welt.

*T: Claus-Peter März*
*M: Kurt Grahl*

## Gesegnet bist du

Gesegnet bist du,
wenn das Brot des Lebens
dir neue Kraft schenkt.

Gesegnet bist du,
wenn das Brot der Eucharistie
dir Gottes Nähe schenkt.

Gesegnet bist du,
wenn das Brot der Kommunion
dir sagt: Du bist nie allein.

Gesegnet bist du,
wenn du an deinem Fest
der Erstkommunion erlebst:
Du gehörst dazu.

# Erinnerungsseite

Besonders gut gefallen hat mir …

Überrascht hat mich …

Ich habe gelernt, dass …

# Erinnerungsseite

Ich will künftig daran denken, dass …

Meine schönste Gruppenstunde war …

Besonders nett fand ich …